AF284854

Impressum
Verlag: BABADADA GmbH, Nedderfeld 112 , 22529 Hamburg
Geschäftsführer / Verlagsleitung: Harald Hof
Druck: Books on Demand GmbH, In de Tarpen 42, 22848 Norderstedt

Imprint
Publisher: BABADADA GmbH, Nedderfeld 112 , 22529 Hamburg, Germany
Managing Director / Publishing direction: Harald Hof
Print: Books on Demand GmbH, In de Tarpen 42, 22848 Norderstedt

colegio
Šola

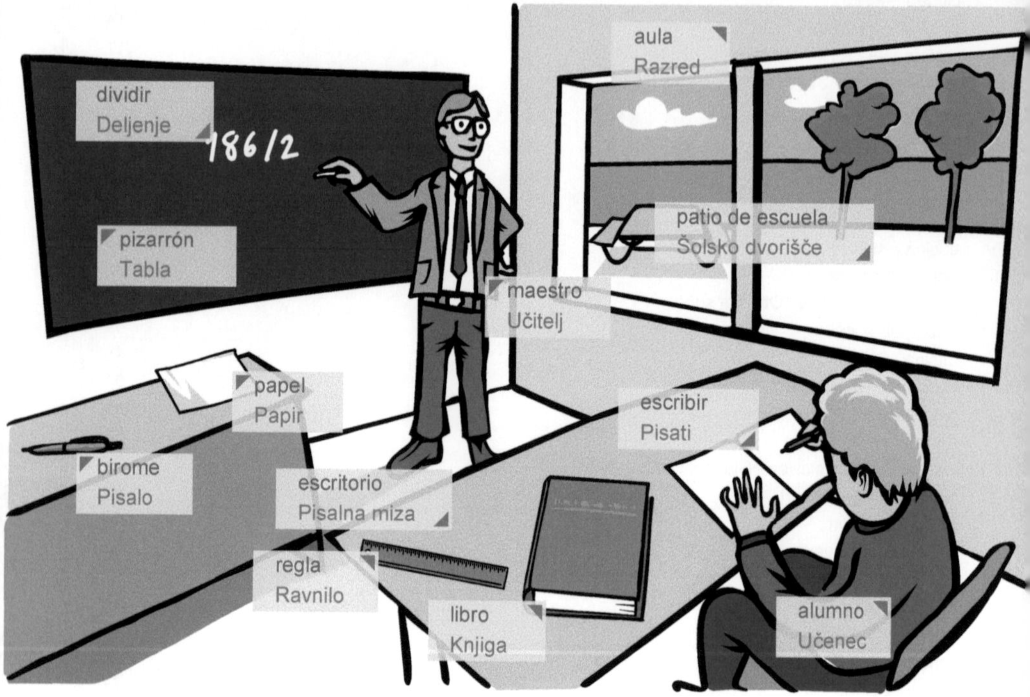
aula
Razred
dividir
Deljenje
186/2
pizarrón
Tabla
patio de escuela
Šolsko dvorišče
maestro
Učitelj
papel
Papir
escribir
Pisati
birome
Pisalo
escritorio
Pisalna miza
regla
Ravnilo
libro
Knjiga
alumno
Učenec

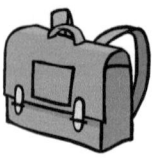

mochila

Šolska torba

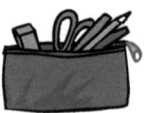

caja de lápices

Peresnica

lápiz

Svinčnik

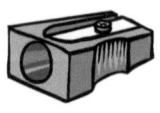

sacapuntas

Šilček

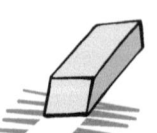

goma (de borrar)

Radirka

bloc de dibujo

Risalni blok

dibujo
Risba

pincel
Čopič

caja de pinturas
Vodene barvice

tijera
Škarje

pegamento
Lepilo

cuaderno de ejercicios
Zvezek

tarea
Domača naloga

número
Število

sumar
Seštevanje

restar
Odštevanje

multiplicar
Množenje

calcular
Računanje

letra
Črka

abecedario
Abeceda

palabra
Beseda

texto

Besedilo

leer

Brati

tiza

Kreda

lección

Učna ura

cuaderno de clase

Redovalnica

examen

Preizkus znanja

certificado

Spričevalo

uniforme escolar

Šolska uniforma

educación

Izobrazba

enciclopedia

Enciklopedija

universidad

Univerza

microscopio

Mikroskop

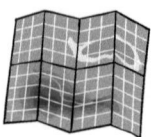

mapa

Zemljevid

tacho (de basura)

Koš za smeti

viaje
Potovanje

hotel
Hotel
Grand
hostel
Hostel
ROOMS
EXCHANGE
casa de cambio
Menjalnica
valija
Kovček
auto
Avtomobil

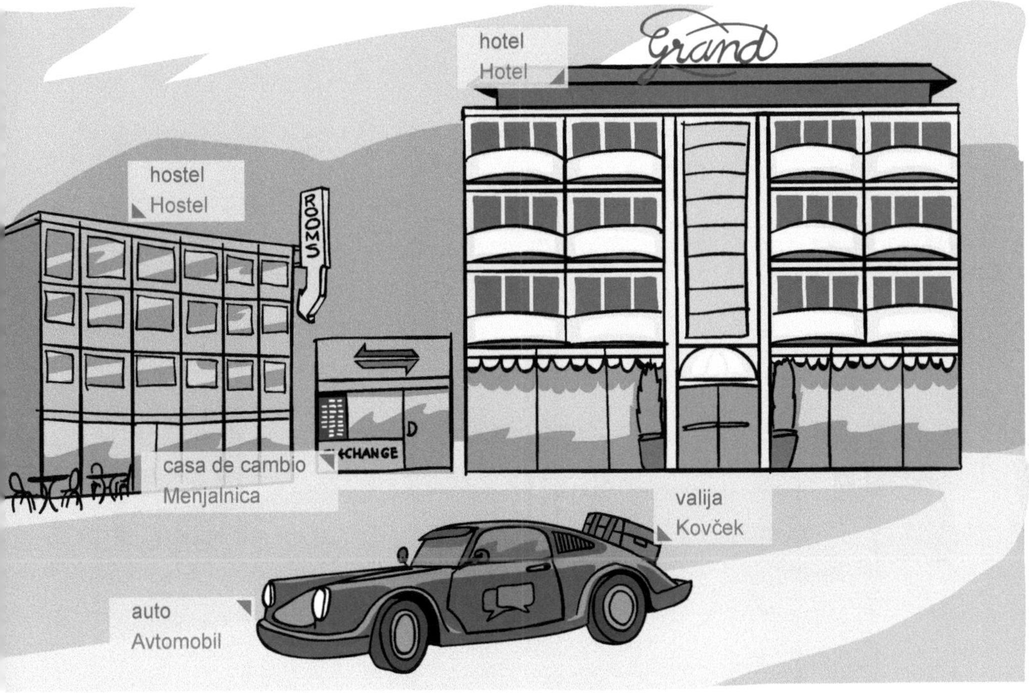

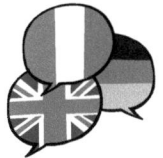

idioma

Jezik

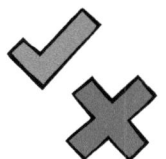

sí / no

da / ne

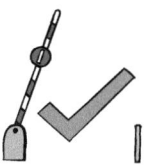

Está bien

Prav

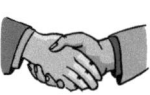

hola

Pozdravljeni

traductor

Prevajalec

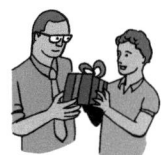

Gracias

Hvala

¿cuánto cuesta...?

Koliko stane...?

No entiendo

Ne razumem

problema

Težava

¡Buenas tardes!

Dober večer!

¡Buenos días!

Dobro jutro!

¡Buenas noches!

Lahko noč!

adiós

Nasvidenje

dirección

Smer

equipaje

Prtljaga

bolso

Torba

mochila

Nahrbtnik

invitado

Gost

habitación

Soba

bolsa de dormir

Spalna vreča

carpa

Šotor

información turística

Turistične informacije

playa

Plaža

tarjeta de crédito

Kreditna kartica

desayuno

Zajtrk

almuerzo

Kosilo

cena

Večerja

pasaje

Vozovnica

ascensor

Dvigalo

sello

Znamka

frontera

Meja

aduana

Carina

embajada

Veleposlaništvo

visa

Vizum

pasaporte

Potni list

transporte
Prevoz

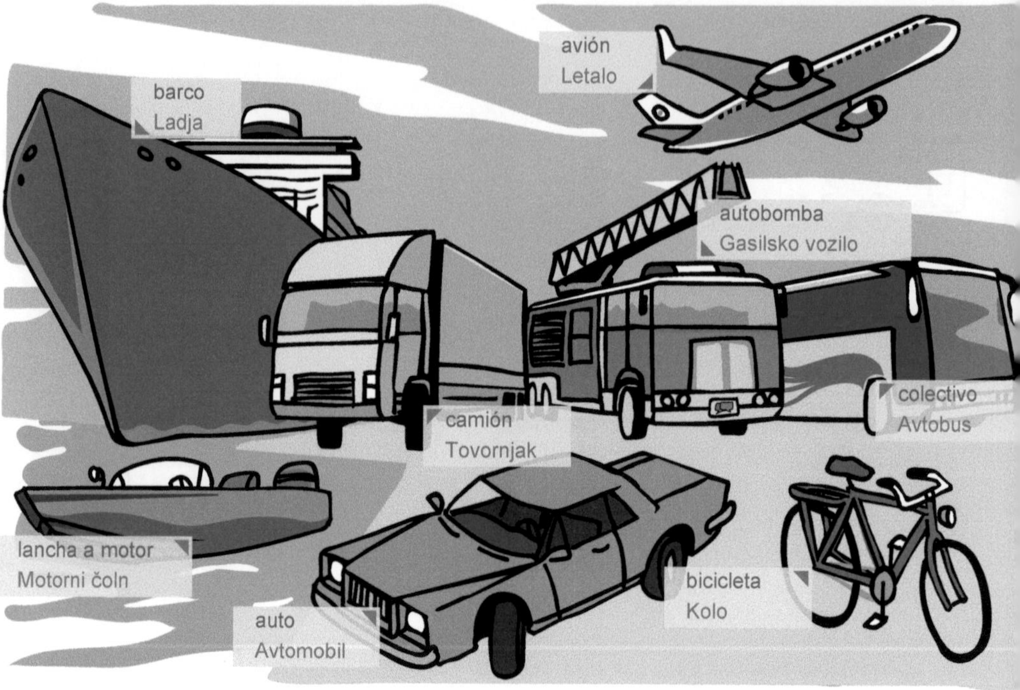

avión
Letalo
barco
Ladja
autobomba
Gasilsko vozilo
camión
Tovornjak
colectivo
Avtobus
lancha a motor
Motorni čoln
bicicleta
Kolo
auto
Avtomobil

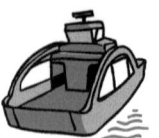

ferry

Trajekt

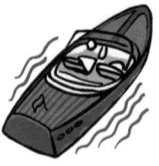

bote

Čoln

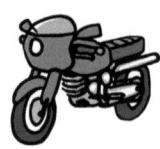

moto

Motorno kolo

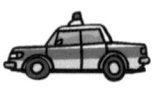

patrullero

Policijski avto

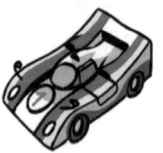

auto de carreras

Dirkalni avto

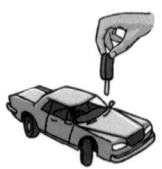

auto de alquiler

Najeto vozilo

alquiler de autos

Souporaba avtomobila

grúa

Avtovleka

camión de basura

Smetarsko vozilo

motor

Motor

nafta

Gorivo

estación de servicio

Bencinska postaja

señal de tránsito

Prometni znak

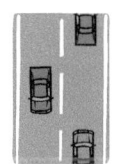

tránsito

Promet

embotellamiento

Zastoj

estacionamiento

Parkirišče

estación de tren

Železniška postaja

vías

Tirnice

tren

Vlak

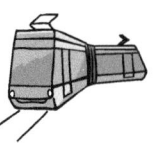

tranvía

Tramvaj

vagón

Vagon

helicóptero

Helikopter

aeropuerto

Letališče

torre

Stolp

pasajero

Potnik

contenedor

Kontejner

caja de cartón

Karton

carretilla

Voziček

canasta

Košara

despegar / aterrizar

vzleteti / pristati

ciudad
Mesto

pueblo

Vas

centro de ciudad

Mestno jedro

casa

Hiša

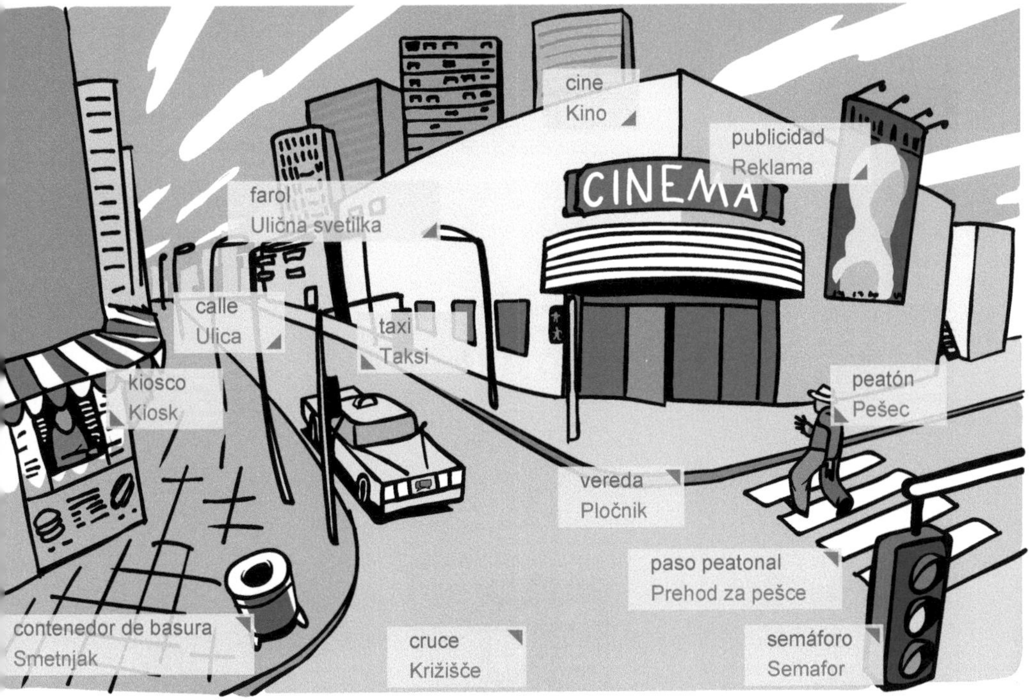

cabaña

Koča

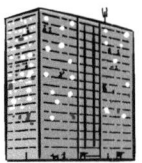

departamento

Stanovanje

estación de tren

Železniška postaja

municipalidad

Mestna hiša

museo

Muzej

colegio

Šola

universidad
Univerza

banco
Banka

hospital
Bolnišnica

hotel
Hotel

farmacia
Lekarna

oficina
Pisarna

librería
Knjigarna

negocio
Trgovina

florería
Cvetličarna

supermercado
Supermarket

mercado
Tržnica

grandes tiendas
Veleblagovnica

pescadería
Ribarnica

centro comercial
Nakupovalno središče

puerto
Pristanišče

parque

Park

banco

Klop

puente

Most

escaleras

Stopnice

subte

Podzemna železnica

túnel

Predor

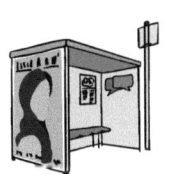

parada del colectivo

Avtobusno postajališče

bar

Bar

restaurante

Restavracija

buzón

Poštni nabiralnik

letrero

Ulična tabla

parquímetro

Parkirna ura

zoológico

Živalski vrt

pileta

Kopališče

mezquita

Mošeja

granja

Kmetija

contaminación

Onesnaževanje

cementerio

Pokopališče

iglesia

Cerkev

juegos infantiles

Otroško igrišče

templo

Tempelj

paisaje
Pokrajina

hoja
List

poste indicador
Kažipot

camino
Pot

pradera
Travnik

piedra
Kamen

árbol
Drevo

excursionista
Pohodnik

río
Reka

hierba
Trava

flor
Cvetlica

valle
Dolina

montaña
Hrib

lago
Jezero

bosque
Gozd

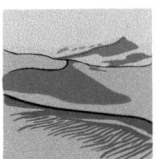

desierto
Puščava

volcán
Vulkan

castillo
Grad

arco iris
Mavrica

champiñón
Goba

palmera
Palma

mosquito
Komar

mosca
Muha

hormiga
Mravlja

abeja
Čebela

araña
Pajek

escarabajo

Hrošč

rana

Žaba

ardilla

Veverica

erizo

Jež

liebre

Zajec

lechuza

Sova

pájaro

Ptič

cisne

Labod

jabalí

Divji prašič

ciervo

Jelen

alce

Los

presa

Jez

aerogenerador

Vetrnica

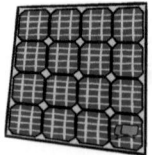

panel solar

Solarna plošča

clima

Podnebje

restaurante
Restavracija

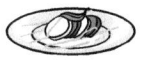

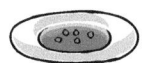

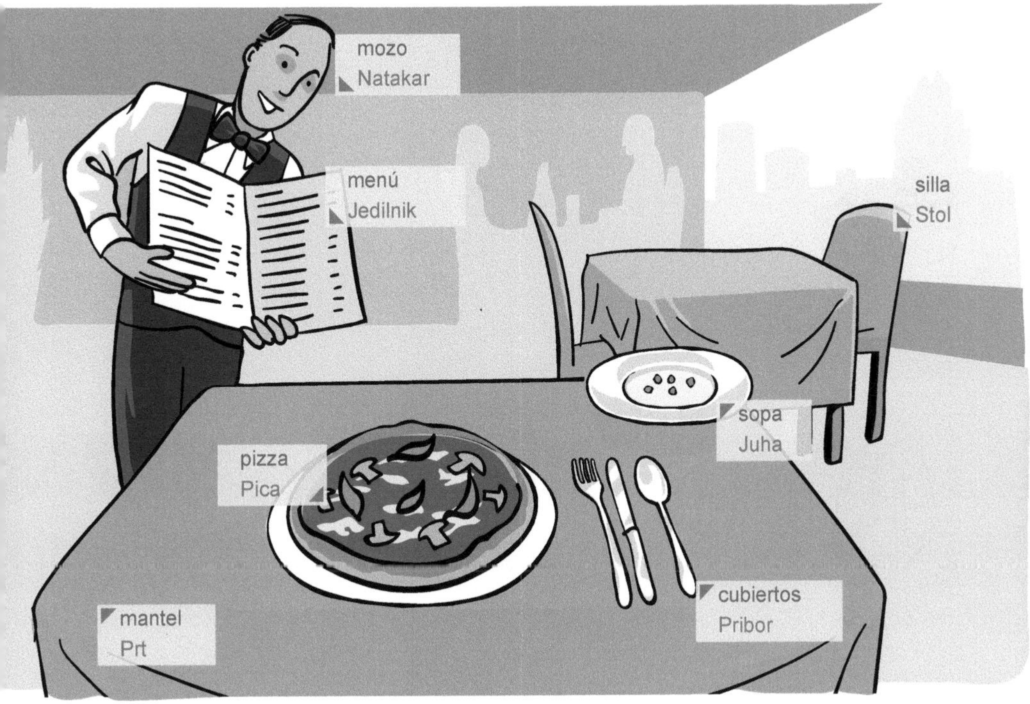

mozo
Natakar
menú
Jedilnik
silla
Stol
sopa
Juha
pizza
Pica
cubiertos
Pribor
mantel
Prt

entrada

Predjed

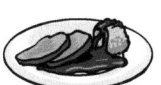

plato principal

Glavna jed

postre

Sladica

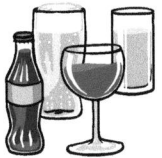

bebidas

Pijače

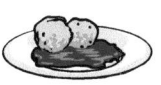

comida

Hrana

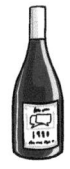

botella

Steklenica

comida rápida

Hitra hrana

comida callejera

Ulična hrana

tetera

Čajnik

azucarera

Sladkornica

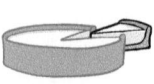

porción

Porcija

cafetera expreso

Aparat za espresso

sillita alta

Stolček za hranjenje

cuenta

Račun

bandeja

Pladenj

cuchillo

Nož

tenedor

Vilica

cuchara

Žlica

cucharita

Čajna žlička

servilleta

Servieta

vaso

Kozarec

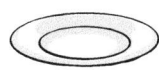

plato
Krožnik

plato hondo
Globoki krožnik

plato
Krožniček

salsa
Omaka

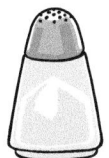

salero
Solnica

molinillo de pimienta
Mlinček za poper

vinagre
Kis

aceite
Olje

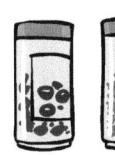

especias
Začimbe

kétchup
Kečap

mostaza
Gorčica

mayonesa
Majoneza

supermercado
Supermarket

oferta especial
Posebna ponudba
FOR
cliente
Stranka
lácteos
Mlečni izdelki
fruta
Sadje
changuito
Nakupovalni voziček

BUTCHERS

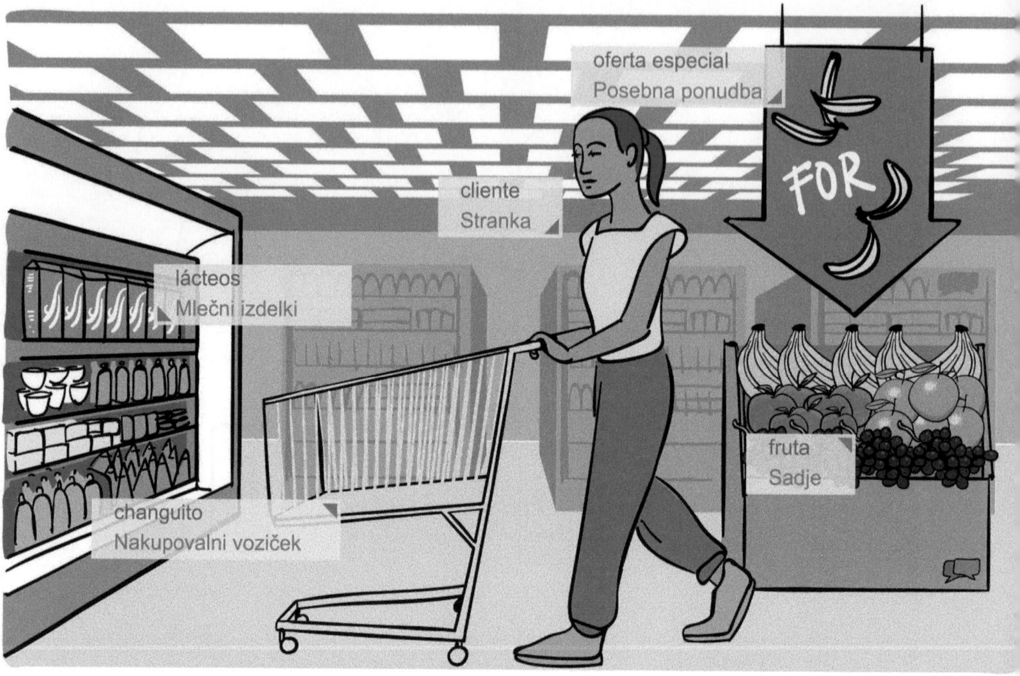

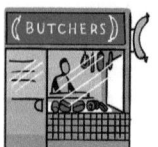

carnicería

Mesnica

BAKERY

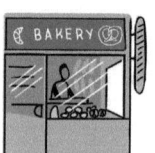

panadería

Pekarna

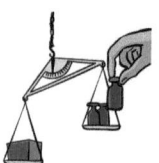

pesar

Tehtati

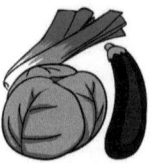

verduras

Zelenjava

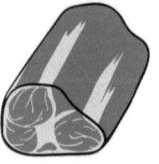

carne

Meso

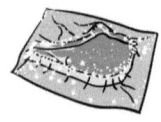

alimentos congelados

Zamrznjena hrana

fiambres

Hladne mesnine

alimentos enlatados

Konzerve

detergente en polvo

Pralni prašek

golosinas

Sladkarije

electrodomésticos

Gospodinjski izdelki

productos de limpieza

Čistilno sredstvo

vendedora

Prodajalka

caja

Blagajna

cajero

Blagajnik

lista de compras

Nakupovalni seznam

horario de atención

Delovni čas

billetera

Denarnica

tarjeta de crédito

Kreditna kartica

cartera

Torba

bolsa de plástico

Plastična vrečka

agua

Voda

jugo

Sok

leche

Mleko

bebida cola

Kola

vino

Vino

cerveza

Pivo

alcohol

Alkohol

cacao

Kakav

té

Čaj

café

Kava

café expreso

Espresso

cappuccino

Kapučino

banana

Banana

manzana

Jabolko

naranja

Pomaranča

melón

Lubenica

limón

Limona

zanahoria

Korenje

ajo

Česen

bambú

Bambus

cebolla

Čebula

champiñón

Goba

nueces

Oreščki

fideos

Rezanci

tallarines

Špageti

arroz

Riž

ensalada

Solata

papas fritas

Ocvrt krompirček

papas fritas

Pečen krompir

pizza

Pica

hamburguesa

Hamburger

sándwich

Sendvič

churrasco

Zrezek

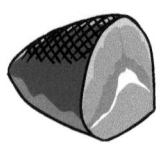

jamón

Šunka

salame

Salama

salchicha

Klobasa

pollo

Piščanec

asado

Pečenka

pescado

Riba

copos de avena
....
Ovseni kosmiči

muesli
....
Musli

copos de maíz
....
Koruzni kosmiči

harina
....
Moka

medialuna
....
Rogljiček

pancito
....
Žemlja

pan
....
Kruh

tostada
....
Prepečenec

galletitas
....
Piškoti

manteca
....
Maslo

cuajada
....
Skuta

torta
....
Torta

huevo
....
Jajce

huevo frito
....
Pečeno jajce na oko

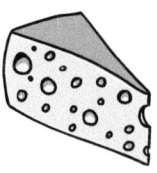

queso
....
Sir

helado

Sladoled

azúcar

Sladkor

miel

Med

mermelada

Marmelada

pasta de chocolate

Čokoladni namaz

curry

Kari

granja
Kmetija

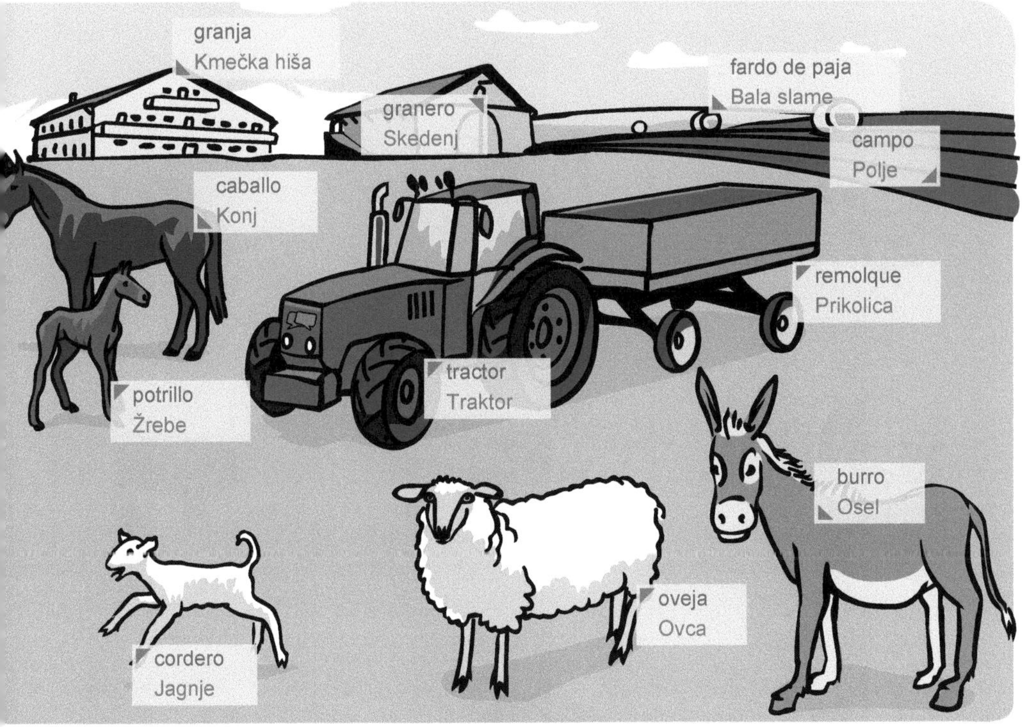
granja
Kmečka hiša
fardo de paja
Bala slame
granero
Skedenj
campo
Polje
caballo
Konj
remolque
Prikolica
tractor
Traktor
potrillo
Žrebe
burro
Osel
oveja
Ovca
cordero
Jagnje

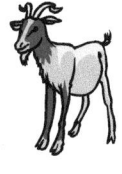

cabra

Koza

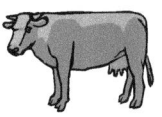

vaca

Krava

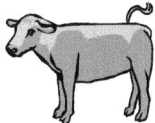

ternero

Tele

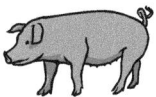

cerdo

Prašič

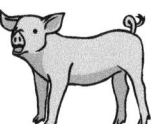

lechón

Pujsek

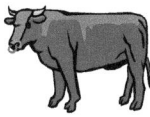

toro

Bik

ganso

Gos

pato

Raca

pollo

Piščanec

gallina

Kokoš

gallo

Petelin

rata

Podgana

gato

Mačka

ratón

Miš

buey

Vol

perro

Pes

cucha

Pasja uta

manguera

Cev za zalivanje

regadera

Kangla za zalivanje

guadaña

Kosa

arado

Plug

hoz
Srp

azada
Motika

horquilla
Vile

hacha
Sekira

carretilla
Samokolnica

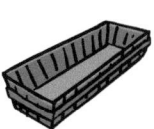

abrevadero
Korito

lechera
Kangla za mleko

bolsa
Vreča

reja
Ograja

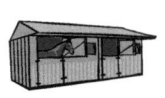

establo
Hlev

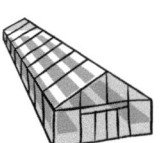

invernadero
Rastlinjak

suelo
Prst

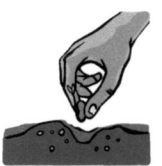

semilla
Seme

fertilizador
Gnojilo

cosechadora
Kombajn

cosechar
Žeti

cosecha
Žetev

batatas
Jam

trigo
Pšenica

soja
Soja

papa
Krompir

maíz
Koruza

semilla de colza
Oljna ogrščica

árbol frutal
Sadno drevo

mandioca
Maniok

cereales
Žito

casa
Hiša

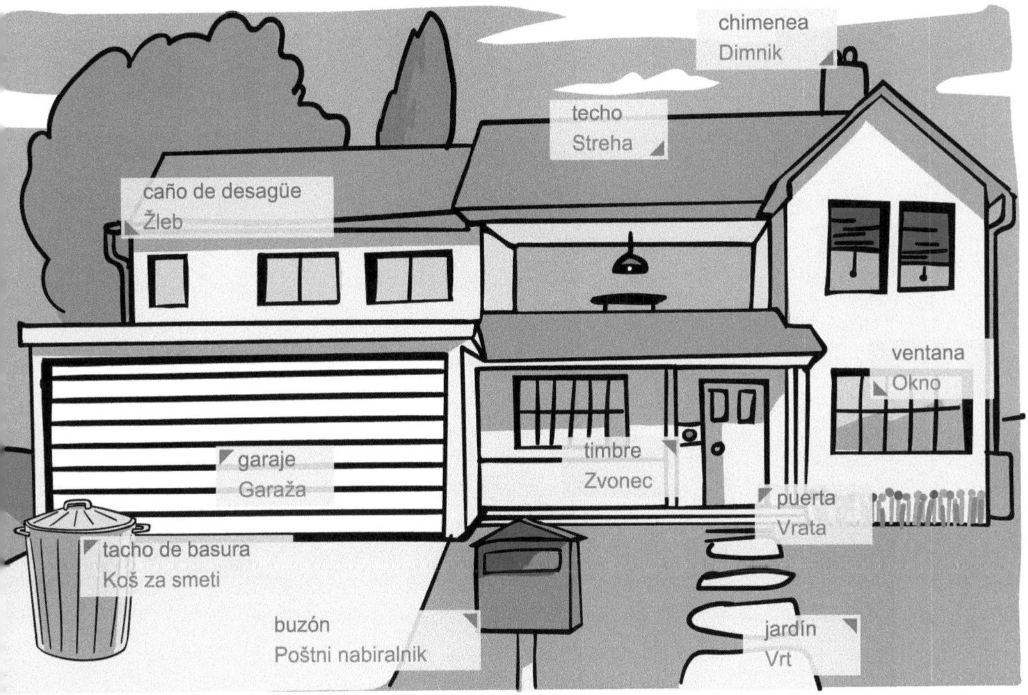
chimenea
Dimnik
techo
Streha
caño de desagüe
Žleb
ventana
Okno
timbre
Zvonec
garaje
Garaža
puerta
Vrata
tacho de basura
Koš za smeti
buzón
Poštni nabiralnik
jardín
Vrt

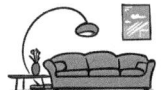

living
Dnevna soba

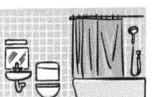

baño
Kopalnica

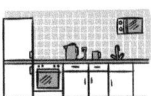

cocina
Kuhinja

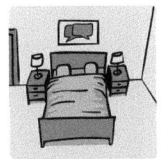

dormitorio
Spalnica

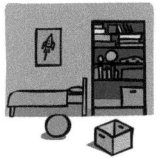

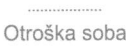

cuarto de los chicos
Otroška soba

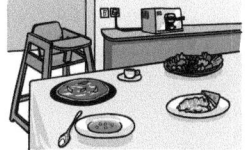

comedor
Jedilnica

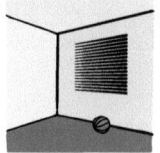

piso

Tla

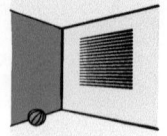

pared

Stena

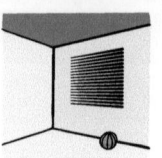

cielorraso

Strop

sótano

Klet

sauna

Savna

balcón

Balkon

terraza

Terasa

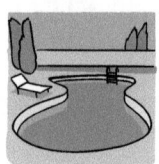

pileta

Bazen

cortadora de pasto

Kosilnica

sábana

Rjuha

acolchado

Posteljno pregrinjalo

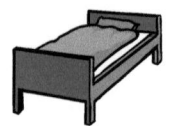

cama

Postelja

escoba

Metla

balde

Vedro

interruptor

Stikalo

living
Dnevna soba

empapelado
Tapeta
imagen
Slika
lámpara
Svetilka
estante
Polica
armario
Omara
televisión
Televizor
chimenea
Kamin
flor
Cvetlica
almohadón
Blazina
sofá
Zofa
florero
Vaza
control remoto
Daljinski upravljalnik

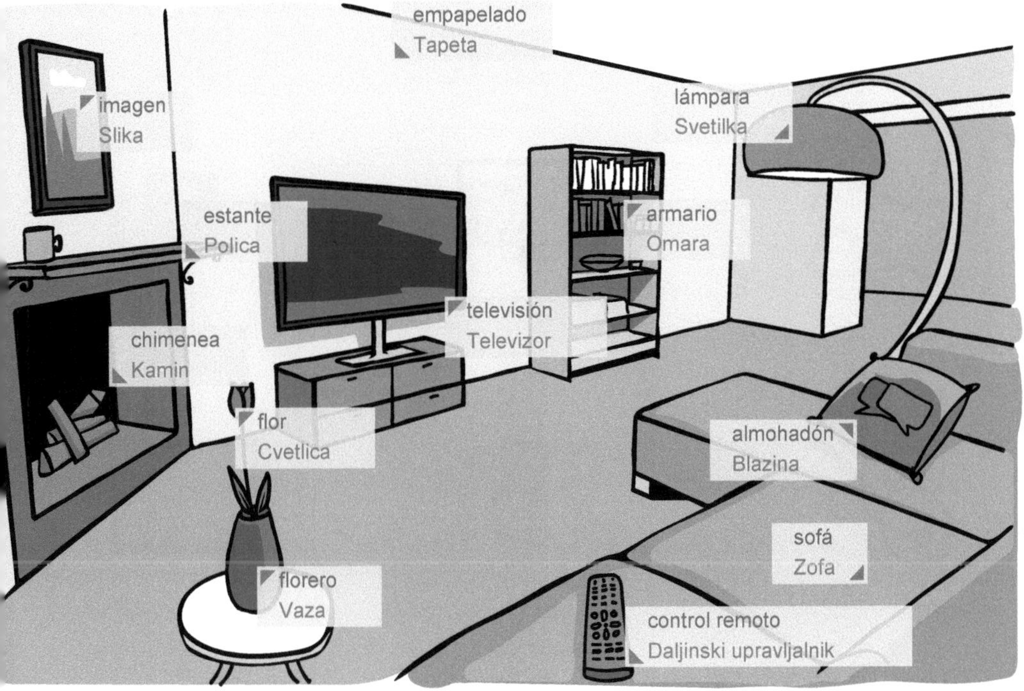

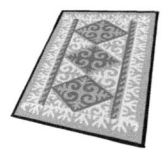

alfombra

Preproga

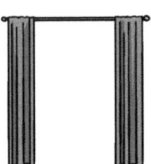

cortina

Zavesa

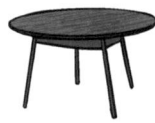

mesa

Miza

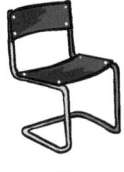

silla

Stol

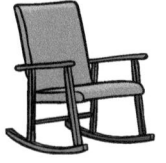

mecedora

Gugalnik

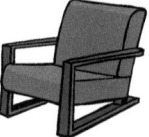

sillón

Naslanjač

libro
Knjiga

frazada
Odeja

decoración
Dekoracija

leña
Drva

película
Film

equipo de música
Glasbeni stolp

llave
Ključ

diario
Časopis

pintura
Slika

póster
Plakat

radio
Radio

cuaderno
Beležka

aspiradora
Sesalnik

cactus
Kaktus

vela
Sveča

cocina
Kuhinja

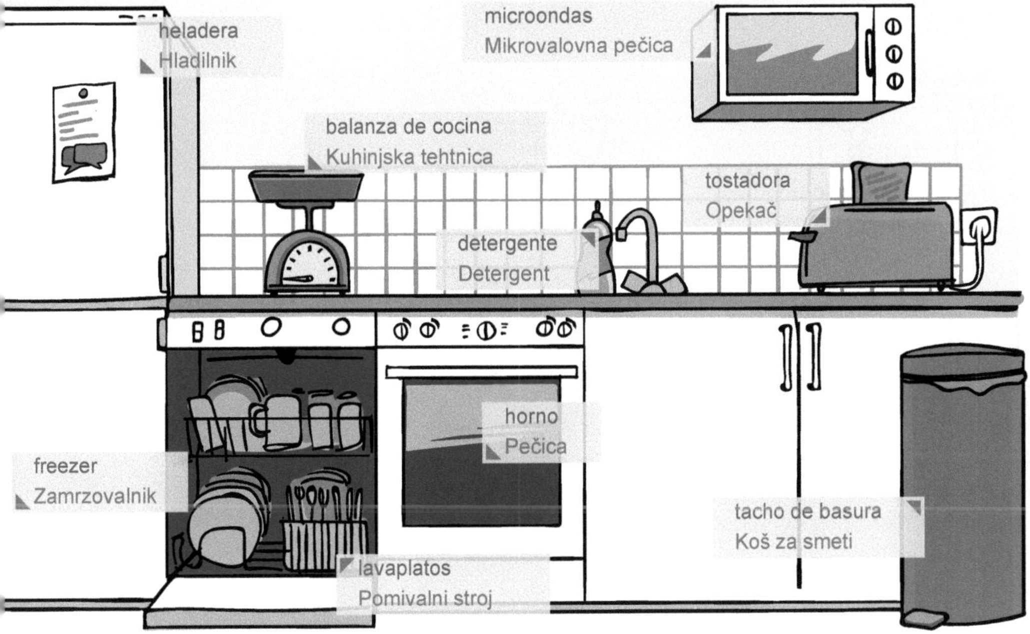
heladera
Hladilnik
microondas
Mikrovalovna pečica
balanza de cocina
Kuhinjska tehtnica
tostadora
Opekač
detergente
Detergent
horno
Pečica
freezer
Zamrzovalnik
tacho de basura
Koš za smeti
lavaplatos
Pomivalni stroj

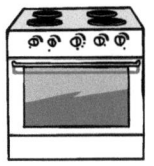

cocina

Kozica

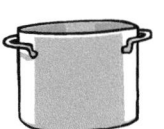

olla

Lonec

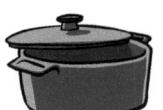

olla de hierro fundido

Litoželezni lonec

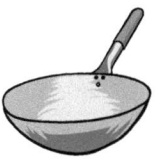

wok

Vok / kadai

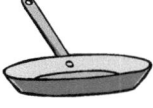

sartén

Ponev

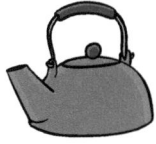

pava

Kotliček

vaporera

Parni kuhalnik

bandeja de horno

Pekač

vajilla

Posoda

taza

Skodelica

bol

Skleda

palitos

Jedilne paličice

cucharón

Zajemalka

estpátula

Lopatica

batidora

Metlica

colador

Cedilnik

colador

Cedilo

rallador

Strgalo

mortero

Možnar

parrilla

Žar

fogata

Ognjišče

tabla de picar

Deska za rezanje

palo de amasar

Valjar

sacacorchos

Odpirač za steklenice

lata

Pločevinka

abrelatas

Odpirač za konzerve

manopla

Prijemalka za posodo

pileta

Korito

cepillo

Ščetka

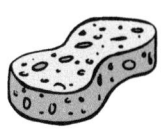

esponja

Goba

batidora

Mešalnik

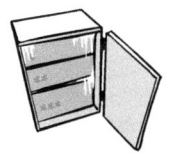

congelador

Zamrzovalna skrinja

mamadera

Steklenička

canilla

Pipa

baño
Kopalnica

calefacción
Ogrevanje
toalla
Brisača
ducha
Prha
cortina de ducha
Zavesa za prho
baño de espuma
Peneča kopel
bañadera
Kopalna kad
vaso
Kozarec
lavarropas
Pralni stroj
canilla
Pipa
baldosas
Ploščice
pelela
Kahlica
pileta
Korito

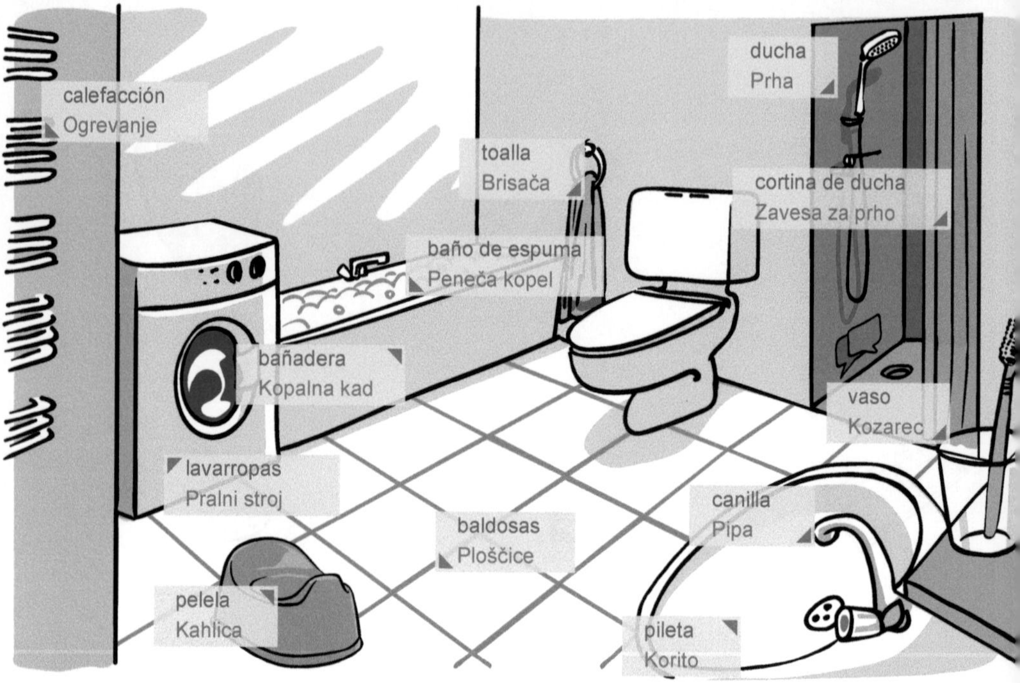

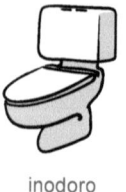

inodoro
Stranišče

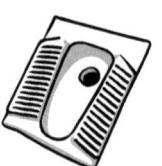

letrina
Stranišče na počep

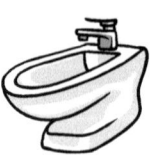

bidé
Bide

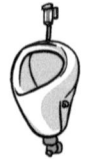

mingitorio
Pisoar

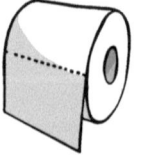

papel higiénico
Toaletni papir

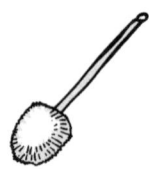

cepillo para el inodoro
Ščetka za straniščno školjko

cepillo de dientes

Zobna ščetka

dentífrico

Zobna pasta

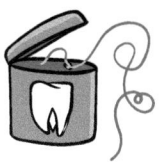

hilo dental

Zobna nitka

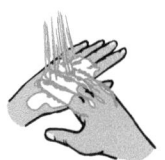

lavar

Umiti se

ducha de mano

Ročna prha

ducha higiénica

Prha za intimne dele

palangana

Umivalnik

cepillo para espalda

Krtača za hrbet

jabón

Milo

gel de ducha

Gel za prhanje

shampoo

Šampon

toallita

Krpica za miljenje

desagüe

Odtok

crema

Krema

desodorante

Deodorant

espejo

Ogledalo

espejito

Ročno ogledalo

maquinita de afeitar

Britvica

espuma de afeitar

Pena za britje

aftershave

Vodica po britju

peine

Glavnik

cepillo

Ščetka

secador de pelo

Sušilnik za lase

spray

Lak za lase

maquillaje

Ličila

lápiz de labios

Šminka

esmalte para uñas

Lak za nohte

algodón

Vatirane blazinice

tijera para uñas

Škarjice za nohte

perfume

Parfum

portacosméticos

Toaletna torbica

banqueta

Stol brez naslonjala

balanza

Osebna tehtnica

bata

Kopalni plašč

guantes de goma

Gumijaste rokavice

tampón

Tampon

toallita femenina

Damski vložki

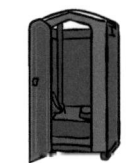

baño químico

Kemično stranišče

cuarto de los chicos
Otroška soba

despertador
Budilka
peluche
Plišasta igrača
coche de juguete
Avtomobilček
sonajero
Ropotuljica
casa de muñecas
Hiška za punčke
regalo
Darilo

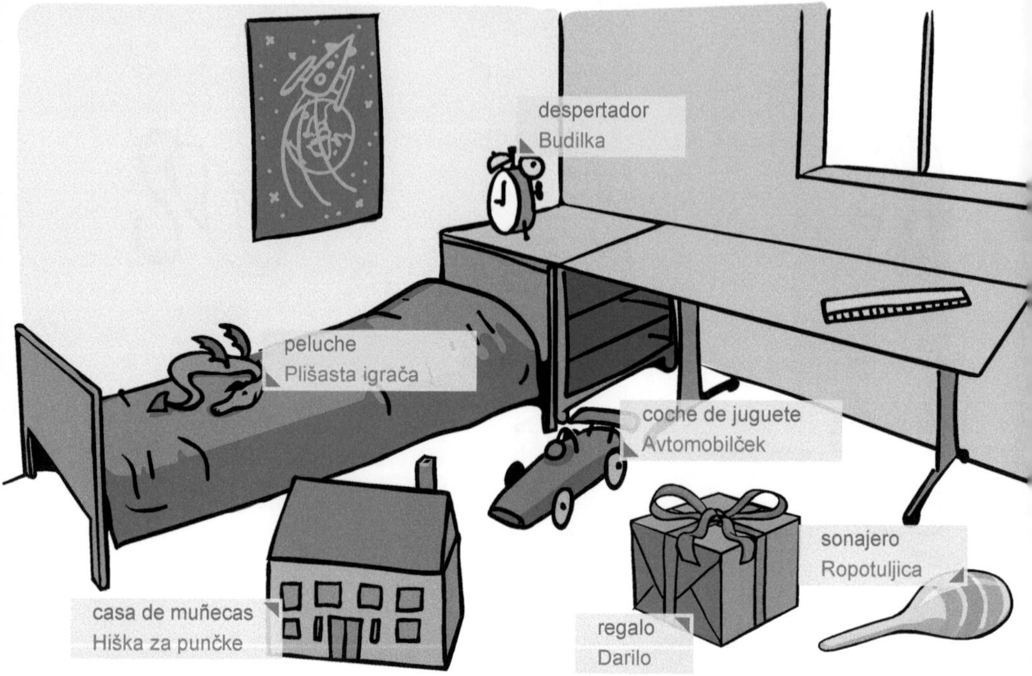

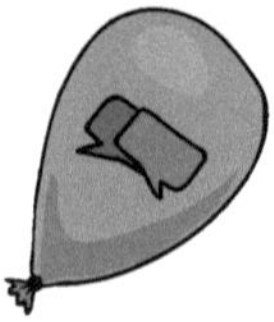

globo
Balon

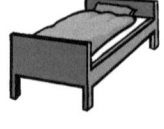

cama
Postelja

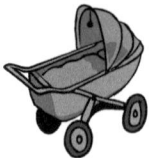

cochecito
Otroški voziček

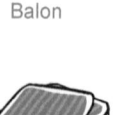

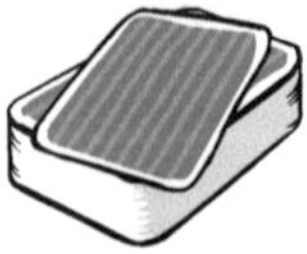

cartas
Igralne karte

rompecabezas
Sestavljanka

SUPER
MEGA

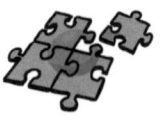

historieta
Strip

piezas de lego
Lego kocke

ladrillos de juguete
Igralne kocke

figura de acción
Akcijska figura

enterito (de bebé)
Bodi

frisbee
Frizbi

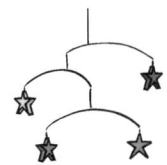

móvil para bebés
Vrtiljak za posteljico

juego de mesa
Namizna igra

dados
Kocka

tren eléctrico
Komplet modelov vlakov

chupete
Duda

fiesta
Zabava

libro de cuentos ilustrado

Slikanica

pelota
Žoga

muñeca
Lutka

jugar
Igrati se

arenero
Peskovnik

hamaca
Gugalnica

juguetes
Igrače

consola de videojuegos
Igralna konzola

triciclo
Tricikel

osito de peluche
Plišasti medvedek

armario
Garderoba

ropa
Oblačilo

medias
Nogavice

medias panty
Samostoječe nogavice

calzas
Hlačne nogavice

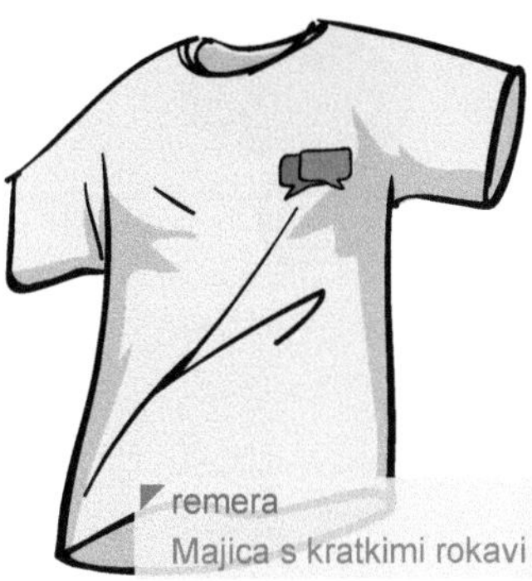

bufanda
Šal

cinturón
Pas

paraguas
Dežnik

remera
Majica s kratkimi rokavi

zapatillas
Športni copati

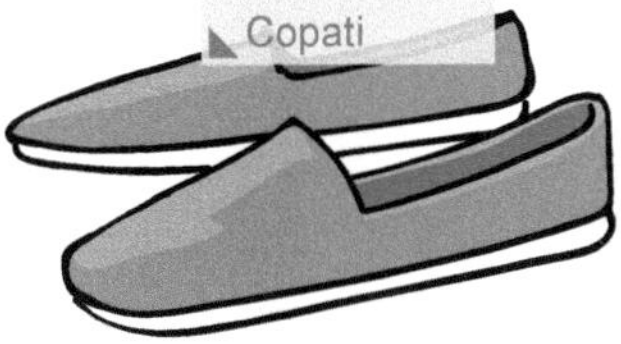

botas
Škornji

pantuflas
Copati

sandalias
Sandali

zapatos
Čevlji

botas de goma
Gumijasti škornji

ropa interior
Spodnje hlače

corpiño
Modrček

chaleco
Telovnik

body

Bodi

pantalones

Hlače

jeans

Kavbojke

pollera

Krilo

blusa

Bluza

camisa

Srajca

pulóver

Pulover

buzo

Pletena jopica

blazer

Jopa

campera

Jakna

tapado

Plašč

piloto

Dežni plašč

traje

Kostim

vestido

Obleka

vestido de novia

Poročna obleka

traje

Obleka

camisón

Spalna srajca

pijama

Pižama

sari

Sari

pañuelo para cabeza

Naglavna ruta

turbante

Turban

burka

Burka

caftán

Kaftan

abaya

Abaja

traje de baño

Kopalke

short de baño

Kopalne hlače

shorts

Kratke hlače

jogging

Trenirka

delantal

Predpasnik

guantes

Rokavice

botón
Gumb

anteojos
Očala

pulsera
Zapestnica

collar
Verižica

anillo
Prstan

aro
Uhan

gorra
Kapa

percha
Obešalnik

sombrero
Klobuk

corbata
Kravata

cierre
Zadrga

casco
Čelada

tiradores
Naramnice

uniforme escolar
Šolska uniforma

uniforme
Uniforma

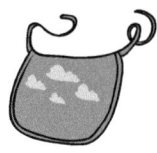

babero

Slinček

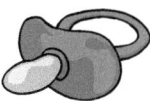

chupete

Duda

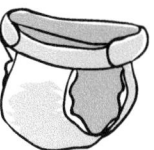

pañal

Plenica

oficina
Pisarna

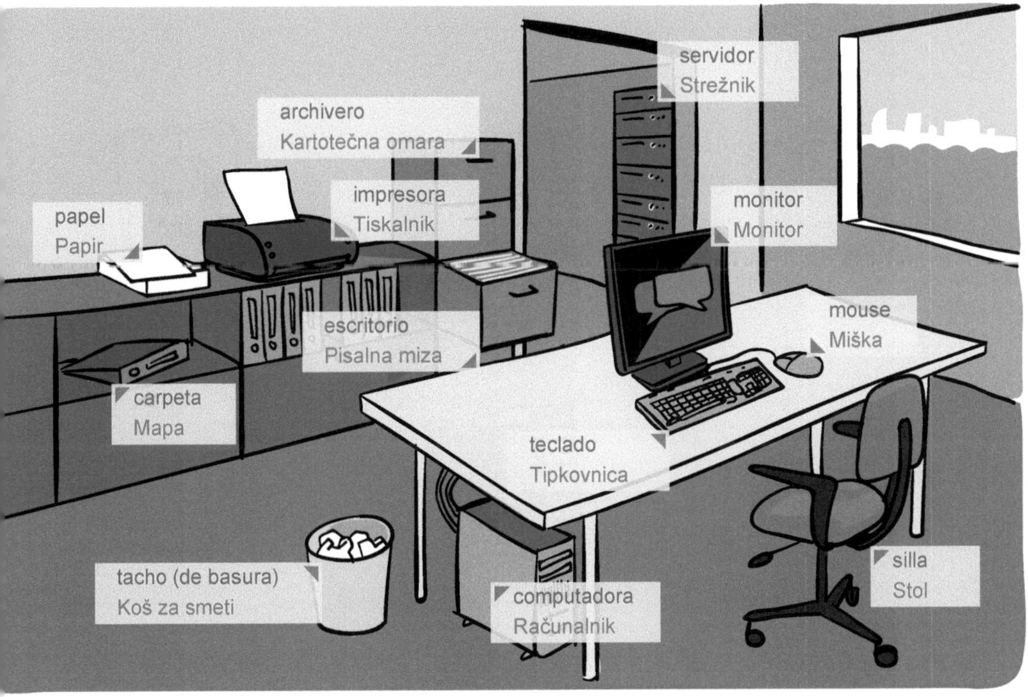

servidor
Strežnik
archivero
Kartotečna omara
impresora
Tiskalnik
papel
Papir
monitor
Monitor
mouse
Miška
escritorio
Pisalna miza
carpeta
Mapa
teclado
Tipkovnica
tacho (de basura)
Koš za smeti
computadora
Računalnik
silla
Stol

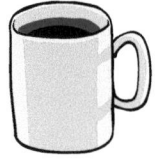

taza de café

Lonček za kavo

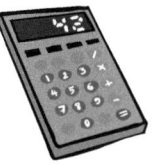

calculadora

Kalkulator

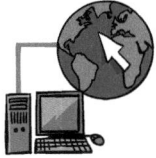

internet

Internet

laptop

Prenosnik

carta

Pismo

mensaje

Sporočilo

celular

Mobilnik

red

Omrežje

fotocopiadora

Kopirni stroj

software

Programska oprema

teléfono

Telefon

tomacorriente

Vtičnica

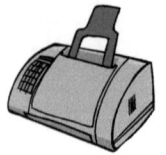

fax

Telefaks

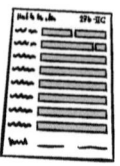

formulario

Obrazec

documento

Dokument

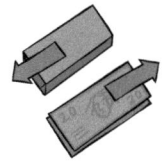

comprar
....
Kupiti

pagar
....
Plačati

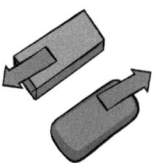

hacer negocios
....
Trgovati

dinero
....
Denar

dólar
....
Dolar

euro
....
Evro

yen
....
Jen

rublo
....
Rubelj

franco suizo
....
Švičarski frank

yuan
....
Kitajski juan renminbi

rupia
....
Rupija

cajero automático
....
Bankomat

casa de cambio

Menjalnica

oro

Zlato

plata

Srebro

petróleo

Nafta

energía

Energija

precio

Cena

contrato

Pogodba

impuesto

Davek

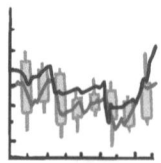

acción

Delnice

trabajar

Delati

empleado

Delojemalec

empleador

Delodajalec

fábrica

Tovarna

negocio

Trgovina

ocupaciones
Poklici

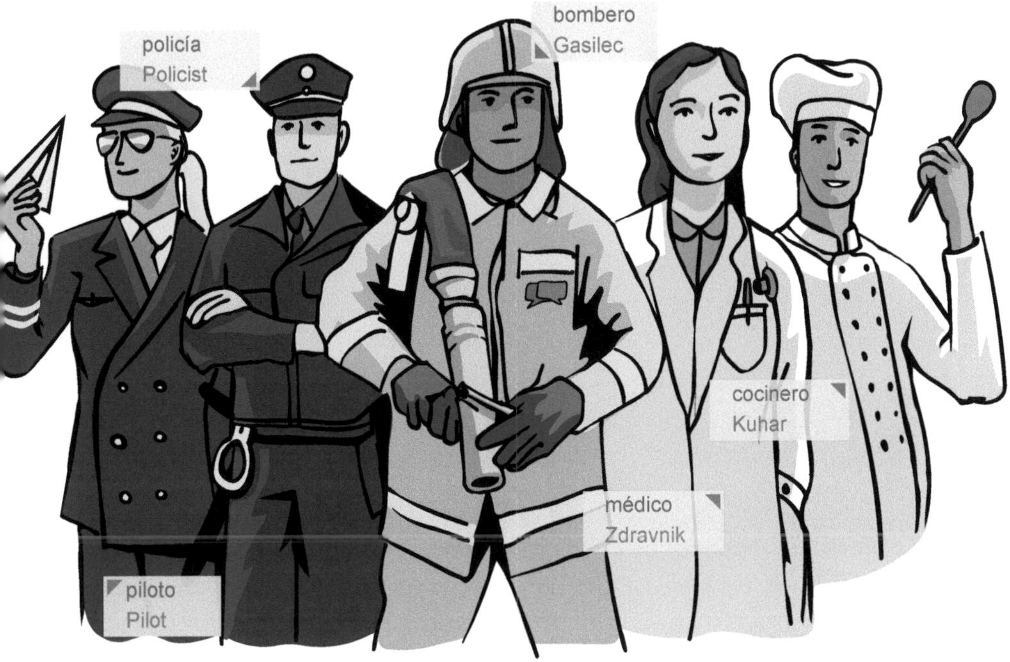

bombero
Gasilec
policía
Policist
cocinero
Kuhar
médico
Zdravnik
piloto
Pilot

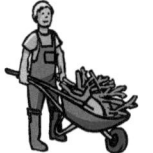

jardinero

Vrtnar

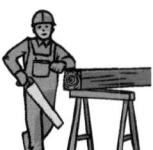

carpintero

Mizar

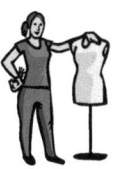

modista

Šivilja

juez

Sodnik

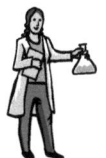

farmacéutico

Kemik

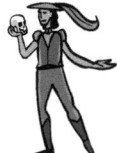

actor

Igralec

colectivero

Voznik avtobusa

taxista

Taksist

pescador

Ribič

mucama

Čistilka

techista

Krovec

mozo

Natakar

cazador

Lovec

pintor

Pleskar

panadero

Pek

electricista

Električar

albañil

Gradbenik

ingeniero

Inženir

carnicero

Mesar

plomero

Vodovodni inštalater

cartero

Poštar

soldado

Vojak

arquitecto

Arhitekt

cajero

Blagajnik

florista

Cvetličar

peluquero

Frizer

cobrador

Sprevodnik

mecánico

Mehanik

capitán

Kapitan

dentista

Zobozdravnik

científico

Znanstvenik

rabino

Rabin

imán

Imam

monje

Menih

sacerdote

Duhovnik

herramientas
Orodje

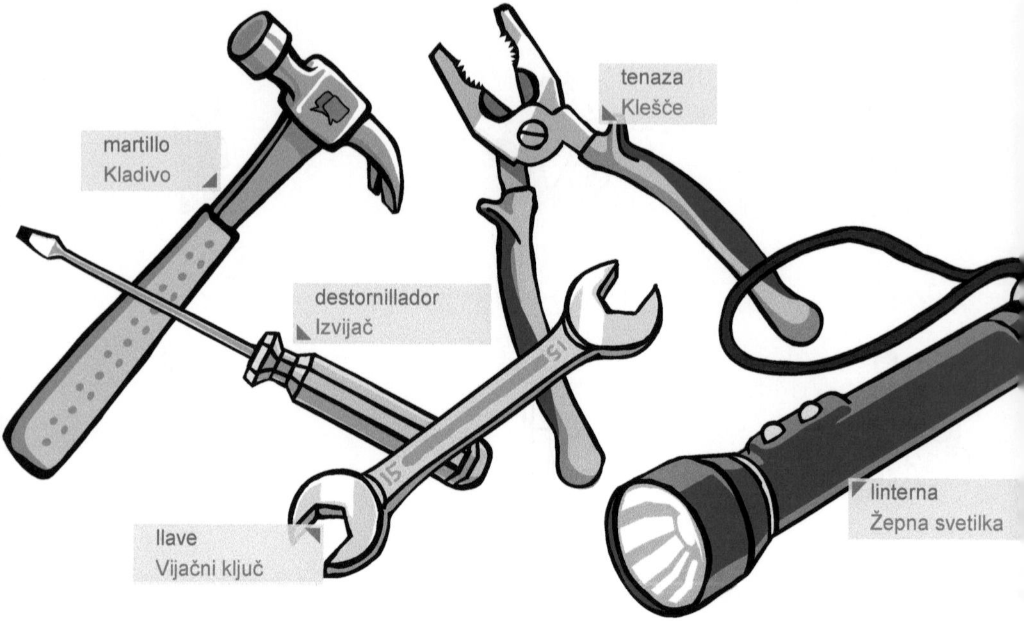

martillo
Kladivo
tenaza
Klešče
destornillador
Izvijač
llave
Vijačni ključ
linterna
Žepna svetilka

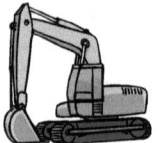

excavadora

Bager

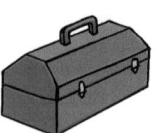

caja de herramientas

Zaboj z orodjem

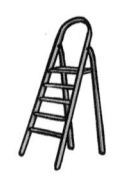

escalera portátil

Lestev

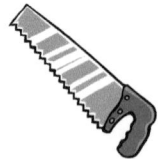

sierra

Žaga

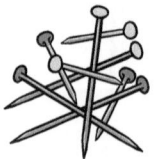

clavos

Žeblji

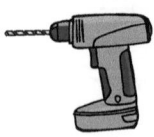

taladro

Vrtalnik

arreglar
....
Popraviti

pala de jardín
....
Lopata

¡Qué bronca!
....
Šment!

pala de plástico
....
Smetišnica

tacho de pintura
....
Posoda z barvo

tornillos
....
Vijaki

instrumentos musicales
Glasbeni instrument

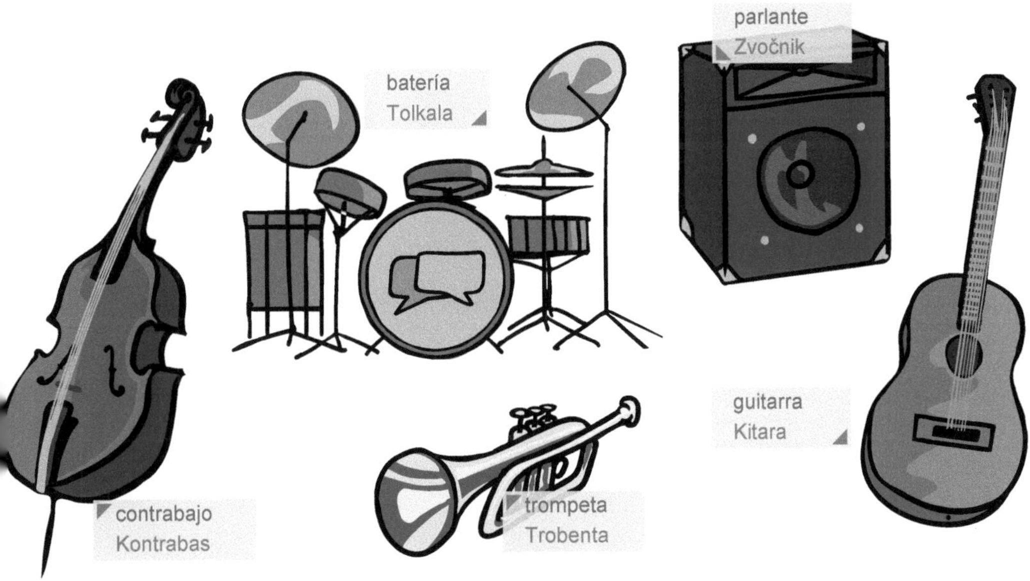

parlante
Zvočnik

batería
Tolkala

contrabajo
Kontrabas

trompeta
Trobenta

guitarra
Kitara

piano

Klavir

violín

Violina

bajo

Bas kitara

timbales

Pavke

tambor

Bobni

teclado

Sintetizator

saxofón

Saksofon

flauta

Flavta

micrófono

Mikrofon

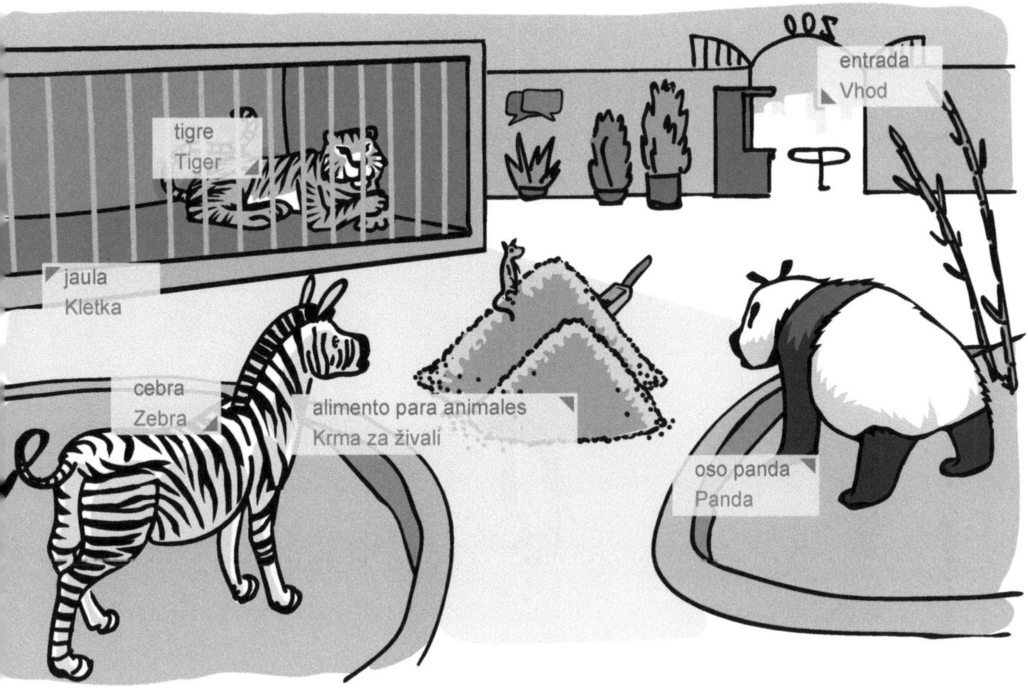

entrada
Vhod

tigre
Tiger

jaula
Kletka

cebra
Zebra

alimento para animales
Krma za živali

oso panda
Panda

animales

Živali

elefante

Slon

canguro

Kenguru

rinoceronte

Nosorog

gorila

Gorila

oso

Medved

camello

Kamela

avestruz

Noj

león

Lev

mono

Opica

flamenco

Plamenec

loro

Papagaj

oso polar

Severni medved

pingüino

Pingvin

tiburón

Morski pes

pavo real

Pav

serpiente

Kača

cocodrilo

Krokodil

cuidador del zoológico

Oskrbnik v živalskem vrtu

foca

Tjulenj

jaguar

Jaguar

poni
Poni

leopardo
Leopard

hipopótamo
Povodni konj

jirafa
Žirafa

águila
Orel

jabalí
Divji prašič

pescado
Riba

tortuga
Želva

morsa
Mrož

zorro
Lisica

gacela
Gazela

fútbol americano
Ameriški nogomet

ciclismo
Kolesarjenje

tenis
Tenis

básquet
Košarka

natación
Plavanje

boxeo
Boks

hockey sobre hielo
Hokej

fútbol
Nogomet

bádminton
Badminton

atletismo
Atletika

handball
Rokomet

esquí
Smučanje

polo
Polo

actividades
Dejavnosti

saltar
Skočiti
abrazar
Objeti
reír
Smejati se
caminar
Hoditi
cantar
Peti
soñar
Sanjati
rezar
Moliti
besar
Poljubiti

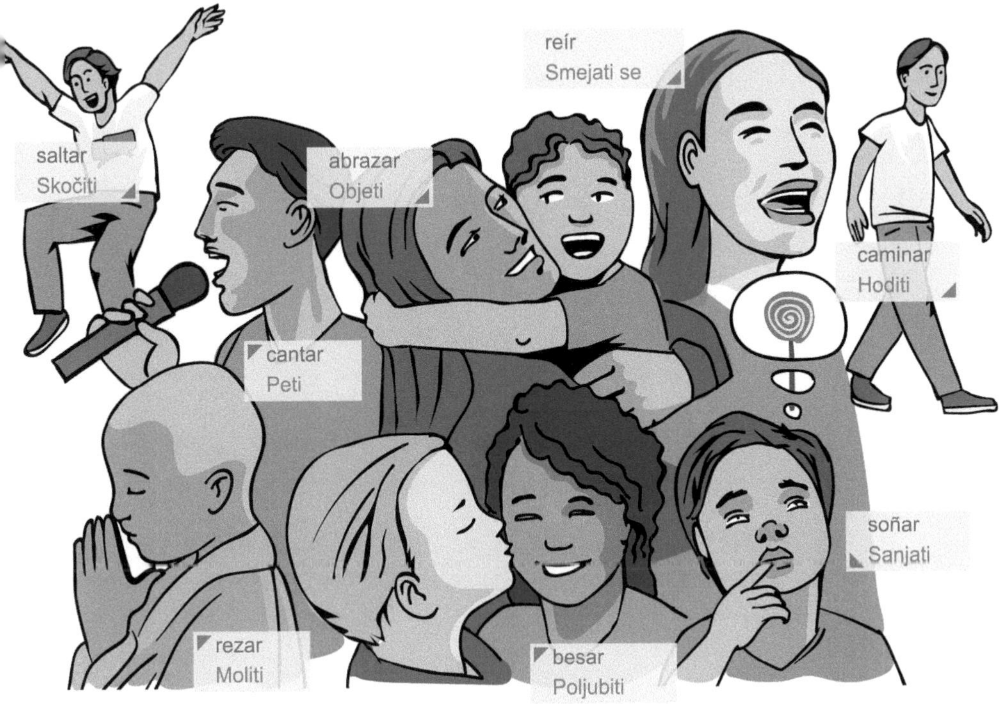

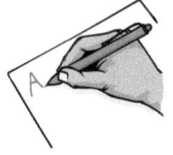

escribir

Pisati

dibujar

Risati

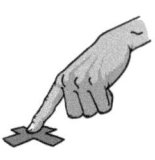

mostrar

Pokazati

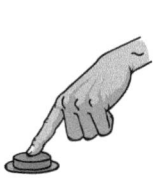

presionar

Potisniti

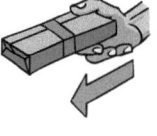

dar

Dati

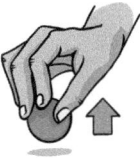

tomar

Vzeti

tener

Imeti

hacer

Narediti

ser

Biti

estar parado

Stati

correr

Teči

tirar

Vleči

tirar

Vreči

caer

Pasti

estar acostado

Ležati

esperar

Čakati

llevar

Nositi

estar sentado

Sedeti

vestirse

Obleči se

dormir

Spati

despertar

Zbuditi se

mirar
Gledati

llorar
Jokati

acariciar
Božati

peinar
Česati se

hablar
Govoriti

entender
Razumeti

preguntar
Vprašati

escuchar
Poslušati

beber
Piti

comer
Jesti

ordenar
Pospraviti

amar
Ljubiti

cocinar
Kuhati

manejar
Voziti

volar
Leteti

navegar

Jadrati

calcular

Računanje

leer

Brati

aprender

Učiti se

trabajar

Delati

casarse

Poročiti se

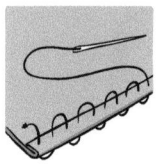

coser

Šivati

cepillarse los dientes

Ščetkati si zobe

matar

Ubiti

fumar

Kaditi

enviar

Poslati

abuela
Stara mati

abuelo
Stari oče

padre
Oče

madre
Mati

bebé
Dojenček

hija
Hči

hijo
Sin

invitado

Gost

tía

Teta

tío

Stric

hermano

Brat

hermana

Sestra

cuerpo

Telo

frente
Čelo
ojo
Oko
hombro
Rama
dedo
Prst
cara
Obraz
pera
Brada
mano
Dlan
pecho
Prsi
pierna
Noga
brazo
Roka

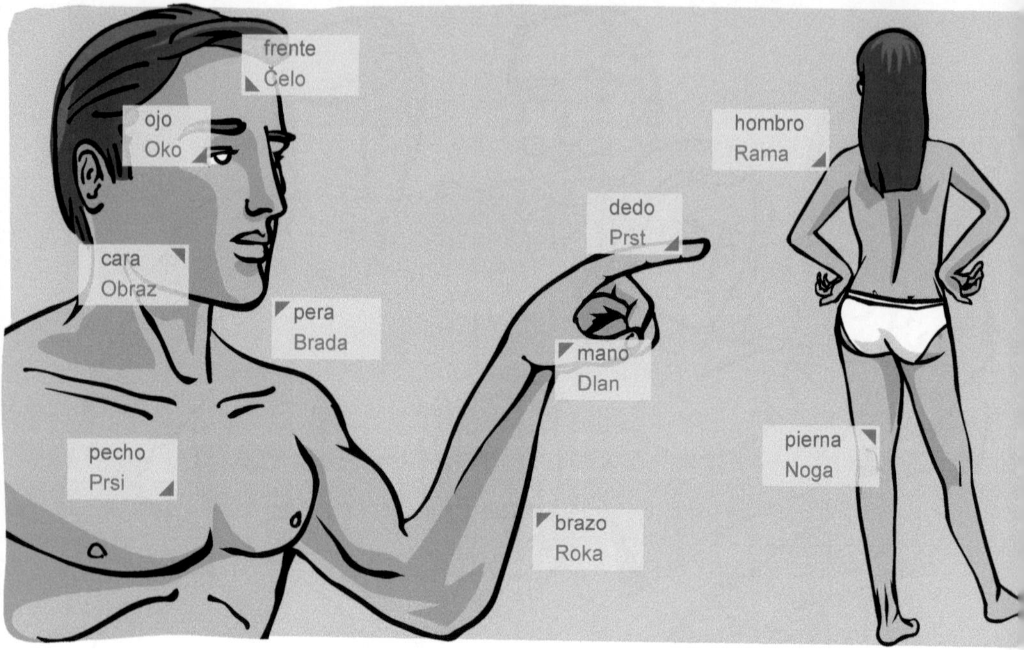

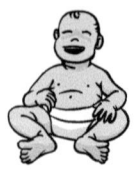

bebé

Dojenček

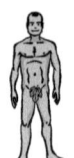

hombre

Človek

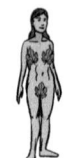

mujer

Ženska

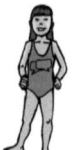

nena

Dekle

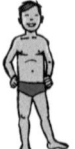

nene

Fant

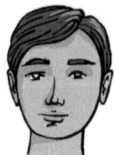

cabeza

Glava

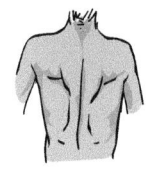

espalda

Hrbet

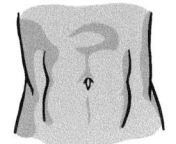

panza

Trebuh

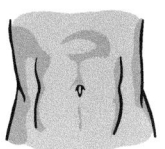

ombligo

Popek

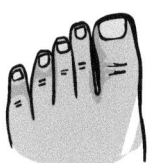

dedo del pie

Prst na nogi

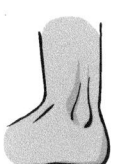

talón

Peta

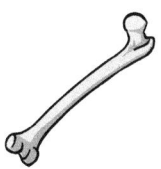

hueso

Kost

cadera

Kolk

rodilla

Koleno

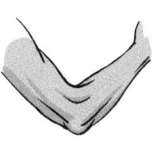

codo

Komolec

nariz

Nos

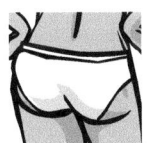

cola

Zadnjica

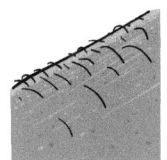

piel

Koža

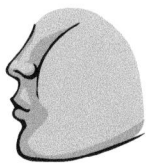

cachete

Lice

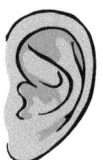

oreja

Uho

labio

Ustnica

boca
Usta

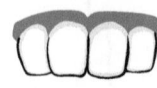

diente
Zob

lengua
Jezik

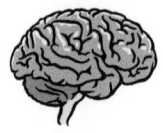

cerebro
Možgani

corazón
Srce

músculo
Mišica

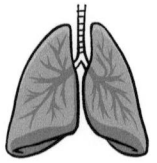

pulmón
Pljuča

hígado
Jetra

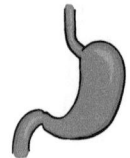

estómago
Želodec

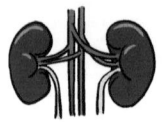

riñones
Ledvice

sexo
Spolni odnos

preservativo
Kondom

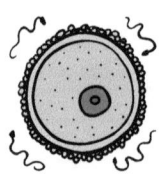

óvulo
Jajčece

semen
Semenska tekočina

embarazo
Nosečnost

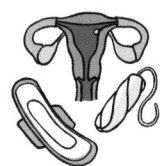

menstruación
....
Menstruacija

vagina
....
Vagina

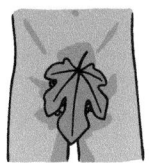

pene
....
Penis

ceja
....
Obrv

pelo
....
Lasje

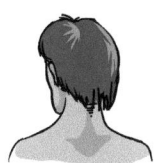

cuello
....
Vrat

hospital
Bolnišnica

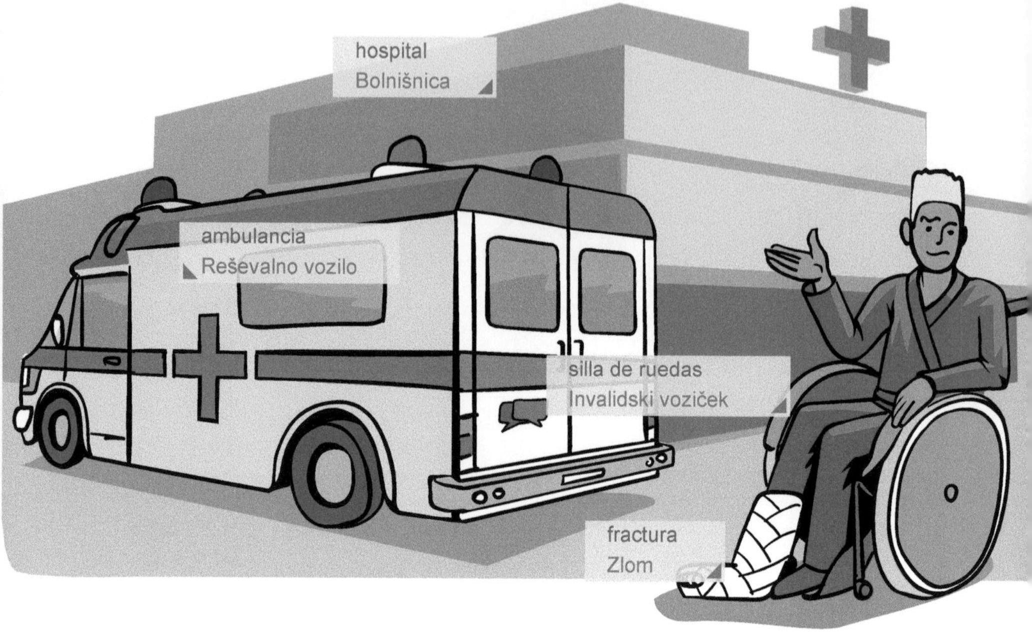

hospital
Bolnišnica
ambulancia
Reševalno vozilo
silla de ruedas
Invalidski voziček
fractura
Zlom

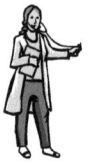

médico

Zdravnik

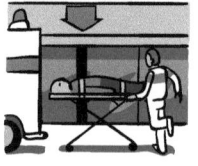

sala de guardia

Urgenca

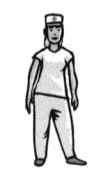

enfermera

Medicinska sestra

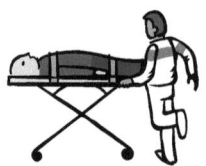

emergencia

Nujni primer

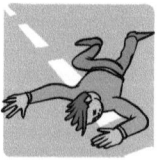

inconsciente

Nezavesten

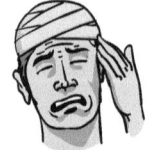

dolor

Bolečina

lesión

Poškodba

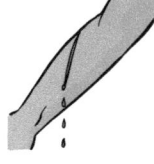

hemorragia

Krvavenje

infarto

Srčni infarkt

ACV

Kap

alergia

Alergija

tos

Kašelj

fiebre

Vročina

gripe

Gripa

diarrea

Driska

dolor de cabeza

Glavobol

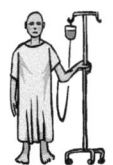

cáncer

Rak

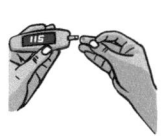

diabetes

Sladkorna bolezen

cirujano

Kirurg

bisturí

Skalpel

operación

Operacija

TC
CT

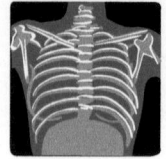

rayos x
Rentgen

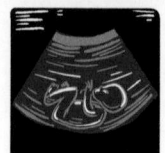

ecografía
Ultrazvok

barbijo
Obrazna maska

enfermedad
Bolezen

sala de espera
Čakalnica

muleta
Bergla

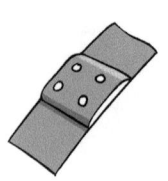

curita
Obliž

venda
Preveza

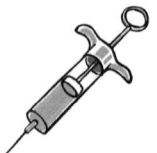

inyección
Injekcija

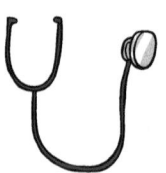

estetoscopio
Stetoskop

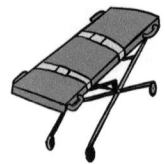

camilla
Nosila

termómetro
Klinični termometer

nacimiento
Porod

sobrepeso
Prekomerna teža

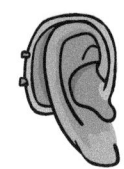

audífono

Slušni pripomoček

desinfectante

Razkužilo

infección

Okužba

virus

Virus

VIH / SIDA

HIV / AIDS

remedio

Medicina

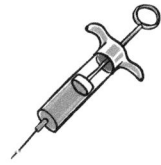

vacunación

Cepljenje

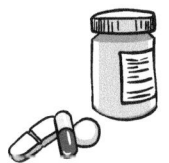

comprimidos

Tablete

pastilla anticonceptiva

Tableta

llamada de emergencia

Klic v sili

tensiómetro

Merilnik krvnega tlaka

enfermo / sano

bolano / zdravo

¡Ayuda!

Na pomoč!

alarma

Alarm

agresión

Napad

ataque

Napad

peligro

Nevarnost

salida de emergencia

Izhod v sili

¡Fuego!

Gori!

matafuego

Gasilni aparat

accidente

Nezgoda

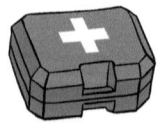

botiquín de primeros
auxilios

Komplet za prvo pomoč

SOS

SOS

policía

Policija

Europa

Evropa

América del Norte

Severna Amerika

América del Sur

Južna Amerika

África

Afrika

Asia

Azija

Australia

Avstralija

Atlántico

Atlantski ocean

Pacífico

Tihi ocean

Océano Índico

Indijski ocean

Océano Antártico

Južni ocean

Océano Ártico

Arktični ocean

polo norte

Severni tečaj

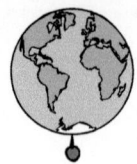

polo sur

Južni tečaj

Antártida

Antarktika

Tierra

Zemlja

tierra

Kopno

mar

Morje

isla

Otok

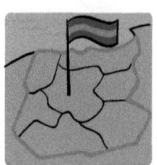

nación

Narod

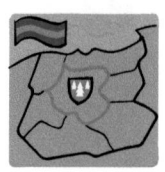

estado

Država

esfera

Številčnica

manecilla de las horas

Urni kazalec

minutero

Minutni kazalec

segundero

Sekundni kazalec

¿Qué hora es?

Koliko je ura?

día

Dan

hora

Čas

ahora

Zdaj

reloj digital

Digitalna ura

minuto

Minuta

hora

Ura

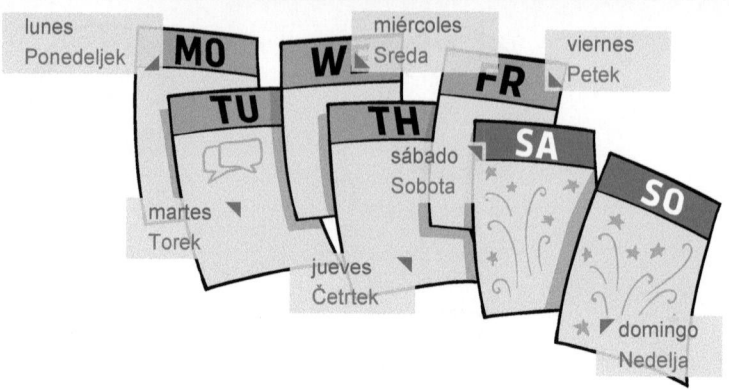

lunes
Ponedeljek

miércoles
Sreda

viernes
Petek

martes
Torek

sábado
Sobota

jueves
Četrtek

domingo
Nedelja

ayer

Včeraj

hoy

Danes

mañana

Jutri

mañana

Jutro

mediodía

Poldne

tarde

Večer

MO	TU	WE	TH	FR	SA	SU
1	2	3	4	5	6	7
8	9	10	11	12	13	14
15	16	17	18	19	20	21
22	23	24	25	26	27	28
29	30	31	1	2	3	4

días hábiles

Delovni dnevi

MO	TU	WE	TH	FR	SA	SU
1	2	3	4	5	6	7
8	9	10	11	12	13	14
15	16	17	18	19	20	21
22	23	24	25	26	27	28
29	30	31	1	2	3	4

fin de semana

Konec tedna

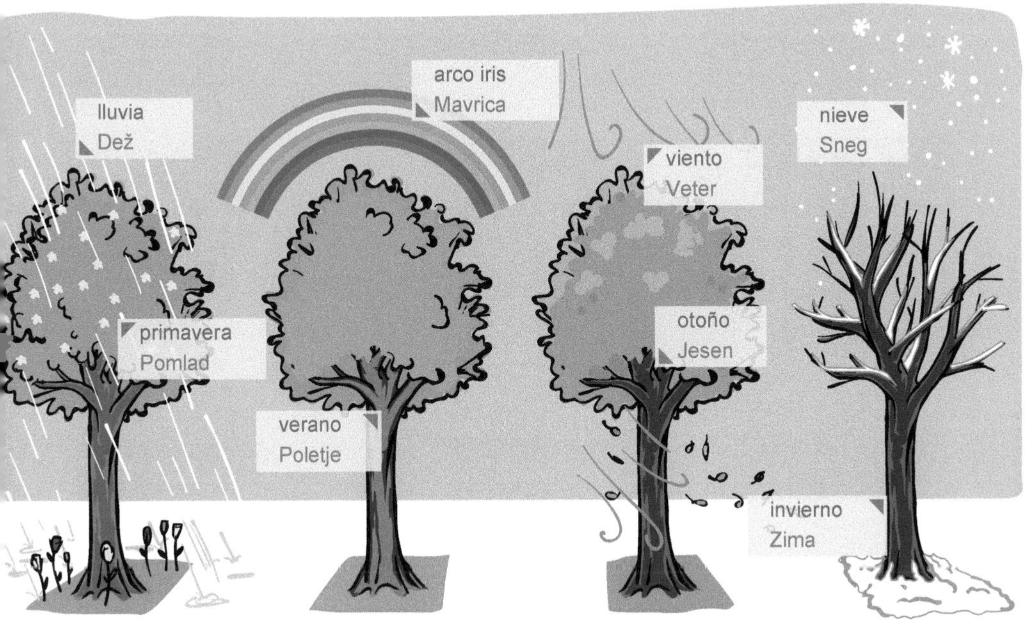
lluvia
Dež
arco iris
Mavrica
nieve
Sneg
viento
Veter
primavera
Pomlad
otoño
Jesen
verano
Poletje
invierno
Zima

4.APRIL 11°
5.APRIL 4°
6.APRIL 13°
7.APRIL 8°
8.APRIL 10°

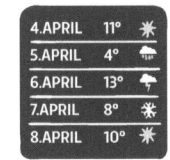

pronóstico meteorológico

Vremenska napoved

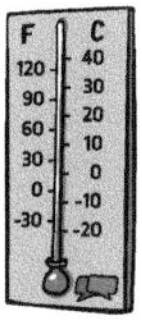
F C
120 40
90 30
60 20
30 10
0 0
-30 -10
-20

termómetro

Termometer

luz del sol

Sončna svetloba

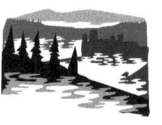

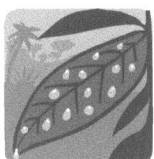

nube

Oblak

niebla

Megla

humedad

Vlažnost

rayo
Strela

trueno
Grom

tormenta
Nevihta

granizo
Toča

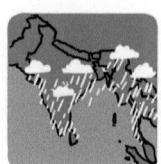

monzón
Monsun

inundación
Poplava

hielo
Led

enero
Januar

febrero
Februar

marzo
Marec

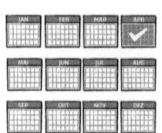

abril
April

mayo
Maj

junio
Junij

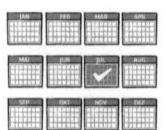

julio
Julij

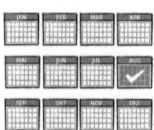

agosto
Avgust

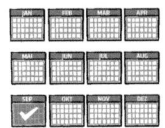

septiembre

September

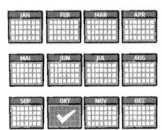

octubre

Oktober

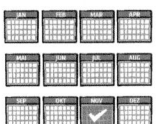

noviembre

November

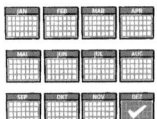

diciembre

December

formas
Oblike

círculo

Krogla

cuadrado

Kvadrat

rectángulo

Pravokotnik

triángulo

Trikotnik

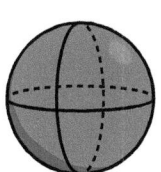

esfera

Krogla

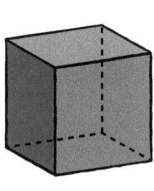

cubo

Kocka

blanco

Bela

amarillo

Rumena

naranja

Oranžna

rosa

Rožnata

rojo

Rdeča

violeta

Vijolična

azul

Modra

verde

Zelena

marrón

Rjava

gris

Siva

negro

Črna

mucho / poco

veliko / malo

enojado / tranquilo

jezno / umirjeno

lindo / feo

lepo / grdo

principio / fin

začetek / konec

grande / chico

veliko / majhno

claro / oscuro

svetlo / temno

hermano / hermana

brat / sestra

limpio / sucio

čisto / umazano

completo / incompleto

popolno / nepopolno

día / noche

dan / noč

muerto / vivo

mrtvo / živo

ancho / angosto

široko / ozko

comestible / no comestible

užitno / neužitno

malo / amable

zlobno / prijazno

entusiasmado / aburrido

vznemirjeno / zdolgočaseno

gordo / flaco

debelo / vitko

primero / último

prvo / zadnje

amigo / enemigo

prijatelj / sovražnik

lleno / vacío

polno / prazno

duro / blando

trdo / mehko

pesado / liviano

težko / lahko

hambre / sed

lakota / žeja

enfermo / sano

bolano / zdravo

ilegal / legal

nezakonito / zakonito

inteligente / estúpido

pametno / neumno

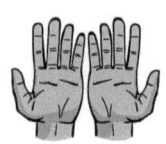

izquierda / derecha

levo / desno

cerca / lejos

blizu / daleč

nuevo / usado

novo / rabljeno

nada / algo

nič / nekaj

viejo / joven

staro / mlado

encendido / apagado

vklopljeno / izklopljeno

abierto / cerrado

odprto / zaprto

silencioso / ruidoso

tiho / glasno

rico / pobre

bogato / revno

correcto / incorrecto

prav / narobe

áspero / suave

grobo / gladko

triste / contento

žalostno / veselo

corto / largo

kratko / dolgo

lento / rápido

počasi / hitro

mojado / seco

mokro / suho

caliente / frío

toplo / hladno

guerra / paz

vojna / mir

0	**1**	**2**
cero	uno	dos
Ničla	Ena	Dva

3	**4**	**5**
tres	cuatro	cinco
Tri	Štiri	Pet

6	**7**	**8**
seis	siete	ocho
Šest	Sedem	Osem

9	**10**	**11**
nueve	diez	once
Devet	Deset	Enajst

12

doce

Dvanajst

13

trece

Trinajst

14

catorce

Štirinajst

15

quince

Petnajst

16

dieciséis

Šestnajst

17

diecisiete

Sedemnajst

18

dieciocho

Osemnajst

19

diecinueve

Devetnajst

20

veinte

Dvajset

100

cien

Sto

1.000

mil

Tisoč

1.000.000

millón

Milijon

inglés

Angleščina

inglés americano

Ameriška angleščina

chino mandarín

Mandarinščina

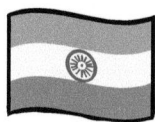

hindi

Hindujščina

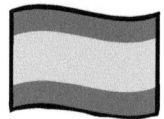

español

Španščina

francés

Francoščina

árabe

Arabščina

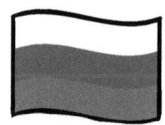

ruso

Ruščina

portugués

Portugalščina

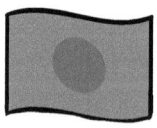

bengalí

Bengalščina

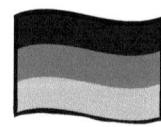

alemán

Nemščina

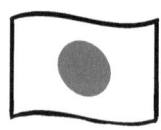

japonés

Japonščina

yo

Jaz

vos

Ti

él / ella

On / ona / tisto

nosotros

Mi

ustedes

Vi

ellos

Oni

¿quién?

Kdo?

¿qué?

Kaj?

¿cómo?

Kako?

¿dónde?

Kje?

¿cuándo?

Kdaj?

nombre

Ime

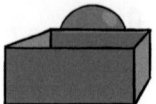

detrás

Zadaj

en

V

adelante de

Pred

por encima de

Nad

sobre

Na

debajo de

Pod

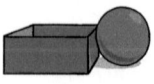

al lado de

Poleg

entre

Med

lugar

Kraj